MIRABEAU

A L'ASSEMBLÉE CONSTITUANTE

TRIBUN DU PEUPLE.

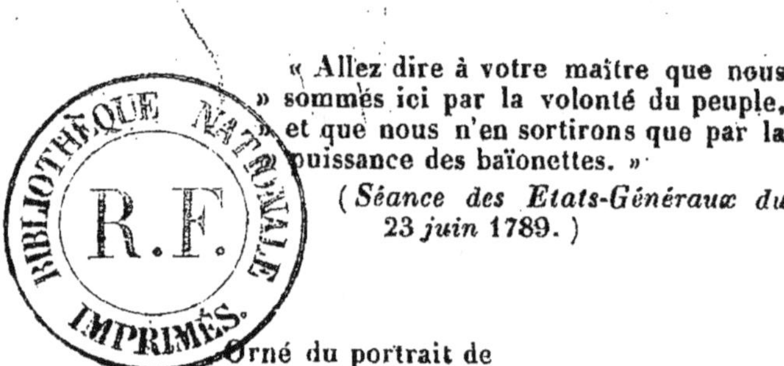

« Allez dire à votre maître que nous
» sommes ici par la volonté du peuple,
» et que nous n'en sortirons que par la
» puissance des baïonnettes. »
*(Séance des Etats-Généraux du
23 juin 1789.)*

Orné du portrait de

MIRABEAU.

Prix : 50 centimes.
Sans portrait : 25 c.

PARIS,

GARNOT,  **BARBA,**
7, RUE PAVÉE SAINT-ANDRÉ. 4 BIS, RUE DE LA PAIX.

1848

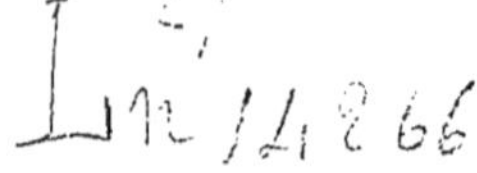

Imprimerie de RAYNAL, à Rambouillet.

MIRABEAU,

(TRIBUN DU PEUPLE)

A L'ASSEMBLÉE CONSTITUANTE.

« *Allez dire à votre maître que nous sommes ici par la vo-lonté du peuple, et que nous n'en sortirons que par la puissance des baïonnettes* (1). » Ainsi parlait Mirabeau dans la séance royale des États-Généraux du 23 juin 1789; et ces paroles célèbres sont l'arrêt de mort de la royauté. Il ne faut pas s'y tromper : cette séance du 23 juin 1789 a déterminé toute la révolution française. La monarchie est venue se briser con-tre le principe de la souveraineté nationale, mais après une lutte dont la prise de la Bastille, les journées d'octobre (1789), de juin (1792), sont de terribles épisodes, et la journée du 10 août, les journées de septembre, la terreur en un mot, les conséquences plus terribles encore. On a beaucoup dis-cuté sur la révolution française, et les circonstances présentes ne sont pas de nature à faire cesser les discussions. Que de fois n'a-t-on pas entendu, *sous la monarchie*, des gens timo-rés, qui peut-être aujourd'hui sont républicains, évoquer le souvenir de ces scènes sanglantes pour repousser une forme républicaine de gouvernement, et des républicains modérés, qui peut-être aujourd'hui ne sont plus républicains, leur ré-pondre : « Erreur ! confusion ! 89 vient du ciel ; 93 vient de l'enfer. » — Dans notre humble opinion, 93 vient très di-rectement de 89, et c'est ce qu'on oublie trop peut-être. Dans cette course de la nation *à travers la liberté*, il faut tou-jours se reporter au point de départ, à l'ouverture des États-Généraux. Il n'y avait plus que des citoyens dans la nation,

(1) Telle est la phrase populaire. Le *Moniteur* rapporte ainsi la ré-ponse de Mirabeau à M. de Brézé. « Oui, monsieur, nous avons en-tendu les intentions qu'on a suggérées au roi, et vous qui ne sauriez être son organe auprès des États-Généraux, vous qui n'avez ici ni place ni droit de parler, vous n'êtes pas fait pour nous rappeler son discours. Cependant, pour éviter toute équivoque et tout délai, je déclare que si l'on vous a chargé de nous faire sortir d'ici, vous devez deman-der des ordres pour employer la force, car nous ne quitterons nos pla-ces que par la puissance des baïonnettes. »

que des représentants de la nation dans l'assemblée : voilà
ce que proclamait le tiers-état, en appelant les ordres privi-
légiés à faire reconnaître leurs pouvoirs en commun. Les
deux autres ordres invoquaient je ne sais quelle antique constitution de la monarchie, qui n'était écrite nulle part, dont
on ne retrouvait nulle part aucune trace, dernier et bien faible rempart de l'existence des castes et de l'autorité royale,
derrière lequel se retranchaient les émigrés incorrigibles,
lorsque M. de Calonne, réfugié à Londres, écrivait ces lignes
considérées par eux comme un blasphème : « Le pouvoir
monarchique doit être réglé et tempéré par des lois fonda-
mentales, qui soient fixes et établies constitutionnellement,
consignées dans un code solennel et préservées, par des mesures suffisamment efficaces, de la mutabilité à laquelle elles
étaient sujettes, quand il dépendait entièrement de la volonté
du roi de les maintenir ou d'y déroger (1). » Ces prétentions
égoïstes des castes ont perdu un monarque trop faible pour
résister aux perfides conseils d'une cour corrompue; il de-
vait se mettre à la tête de la nation, et il s'est rangé du côté
d'une aristocratie dégénérée, il a été compris dans l'arrêt de
proscription prononcé contre elle. « La révolution est restée
debout au milieu d'un bain de sang (2). »

Assurément la terreur est impossible aujourd'hui ; mais
son nom seul est une de ces impressions d'enfance qui ne
s'effacent jamais ; aussi le mot république en a-t-il souffert.
Tous, ou presque tous, nous avons connu des membres de
notre famille ou même des étrangers qui ont assisté à ces sa-
turnales de la liberté. Nous avons avidement recueilli ces ré-
cits lamentables, et notre cœur a frémi, parce que la nature
se soulève toujours contre les raisonnements qui voudraient
lui faire violence. On nous a dit que la *sainte guillotine* fonc-
tionnait sur la place de la Révolution avec l'exactitude quo-
tidienne d'un commis de bureau; que chaque jour le sang
de nos pères arrosait l'endroit que nos pieds ont foulé si souvent, qu'ils fouleront encore demain, et que, pendant ce
temps-là, des promeneurs comme vous et moi, par un jour
de beau soleil, parcouraient cette longue terrasse consacrée
aux jeux de l'enfance, se croisaient sous ces ombrages sécu-
laires, se retournant à peine au bruit sourd du fatal couteau,

(1) *Tableau de l'Europe, en novembre 1795,* Londres. Le baron de
Montyon a répondu à cette brochure par un écrit intitulé : *Rapport fait
à S. M. Louis XVIII, en 1796.*
(2) Mallet Du Pan.

et répétant négligemment : Encore un ! On nous a peint l'affreuse charrette où venaient s'amonceler le père et le fils, la mère et la fille, où l'enfant, cramponné aux bras du vieillard muet, criait grâce ! à la foule consternée. Encore une fois, la terreur est impossible ; mais qu'on ne parle pas de mesures révolutionnaires, car involontairement nos lèvres murmurent ce mot : Terreur !

On ne saurait trop reporter ses regards sur le tableau sinistre de la première révolution ; les mêmes questions politiques vont s'agiter ; mais surtout il importe de bien marquer le progrès des esprits et de mesurer l'abîme immense qui nous sépare de 89 ; cet abîme, nous l'avons comblé de cadavres et de ruines ; mais nous l'avons franchi. Un pareil retour sur le passé est de nature à rassurer les esprits, et lorsque la confiance disparaît, lorsque la vie d'un peuple semble paralysée, les craintes mêmes les plus exagérées ne sauraient être trop énergiquement combattues. Un tableau comparatif des deux époques (1789-1848) serait donc un travail éminemment utile. Nous voulons, pour le moment, personnifier les premières luttes de la révolution française dans Mirabeau, ce *tribun par calcul* ; on reconnaîtra tout de suite qu'un pareil rôle est impossible aujourd'hui, et la différence des deux époques est là tout entière. Aujourd'hui c'est la raison publique qui doit accomplir l'œuvre immense de l'avenir.

Essayons d'abord de mettre l'homme sous les yeux du lecteur. « Mirabeau était d'une taille moyenne, dit un contemporain ; il était fort gras quand je l'ai connu au commencement de la révolution, mais encore leste. Ses yeux étaient pleins de feu, et tous ses traits étaient agréables ; cependant la petite vérole avait terriblement maltraité son visage. Son front était bas, et il avait conservé, à plus de quarante ans, une forêt de cheveux, chose rare en France avec tant d'esprit et d'intempérance. L'expression habituelle de sa physionomie était un sourire ironique ; à la tribune, ses manières étaient nobles, sa voix forte et criarde, ses gestes justes et prononcés. »

Des passions fougueuses et d'immenses talents, voilà Mirabeau ! Ces passions s'emparent de sa jeunesse. Son père, l'*ami des hommes*, mais l'ennemi de sa famille, aigrit le caractère d'un fils dont il haïssait la supériorité, et précipita sa violence par des persécutions haineuses et continuelles. Sa mère était absorbée par les discussions domestiques. Alors commence une époque orageuse, signalée par de nombreuses imprudences, qui fournirent plus tard un texte commode aux ennemis de Mirabeau. On s'explique sans peine les égarements d'un jeune homme ardent, exaspéré par la sévérité de son père, embarrassé des moyens de soutenir sa naissance, et Mirabeau n'oublia jamais la sienne. Mais le même jeune homme que la passion emporta si loin, trouva en lui-même assez d'énergie pour revenir sur ses pas. Pouvoir des circonstances ! L'imprudence et l'erreur sont souvent les premiers anneaux d'une chaîne qui conduit à l'immoralité. On cherche à plaire, on se trouve aimer, on devient séducteur. La fièvre de l'amour et le délire de la jeunesse viennent se traduire dans un acte réprouvé par la morale et puni par la loi.

Mirabeau expia cruellement ses faiblesses ; mais ses malheurs développèrent cette disposition ardente à tout saisir, comme à abuser de tout, et de ce volcan sortit un citoyen capable de servir utilement son pays. Placé dans un état d'hostilité vis-à-vis de la société, forcé de combattre, il eut le courage de l'âme ; obligé de se défendre, de parler en public, il devint orateur. Condamné à la retraite, l'application et l'emploi de ces moyens se convertirent chez lui en habitude. Il acheta le développement de ses talents au prix de son bonheur et de sa considération.

Les États-Généraux sont convoqués : l'esprit de caste, de privilége et l'esprit national sont en présence. Qu'est-ce que le tiers-état ? a dit l'abbé Syéyès. Tout. Qu'a-t-il été jusqu'à présent dans l'ordre politique ? Rien. Que demande t-il ? A y devenir quelque chose. Les premières résistances éclatent. Dans l'assemblée des États de Provence, à Aix, la majorité de la noblesse rédige une protestation contre le résultat du conseil du roi (ordonnance de convocation des États-Généraux) ; cette protestation est présentée à la signature des États. Mirabeau est accouru de Paris pour paraître dans cette assemblée. Il n'était encore connu que par les persécutions qu'il avait subies, par son emprisonnement à la Bastille, par quelques brochures et par ses liaisons avec le duc d'Orléans. Ici commence sa véritable réputation. Dans un discours éloquent, il s'élève contre l'utilité, la convenance, la légitimité de la protestation. Le premier il attaque l'usage des mandats impératifs, en déniant à une subdivision quelconque du royaume le droit de limiter la souveraineté nationale, qui ne réside que dans la collection des représentants. Ce discours fut imprimé et répandu à profusion en France, et surtout dans la province. Il acquit à son auteur l'affection du

tiers-état, dont il sollicita les suffrages. L'élection de Mirabeau était assurée à Marseille et à Aix. Il opta pour cette dernière députation. Ce transfuge de la noblesse était accueilli
partout avec acclamations. Il parcourut la Provence et exerça
une grande influence dans les troubles que causa la disette
dans ce pays. Il était accompagné dans ses courses par une
bande d'une centaine de jeunes gens armés, qui lui offrirent
de le suivre jusqu'à la porte des États-Généraux. A son en-
trée à Marseille, on tira le canon et l'on sonna toutes les
cloches. L'évêque de Sisteron, l'un des opposants, fut pour-
suivi par des rassemblements depuis Aix jusqu'à la petite ville
de Manosque, où il fut comme assiégé par un soulèvement de
paysans. Mirabeau dissipa cet attroupement et sauva le mal-
heureux aristocrate. Dans la grande émeute de Toulon, il
obtint une diminution d'un sou sur le pain, et le calme succéda
aussitôt à l'agitation. L'*ami du roi* avança que Mirabeau était
l'agent de l'ambition de d'Orléans.

Nous retrouvons Mirabeau à l'ouverture des États-Généraux (5 mai 1789). Il venait de publier la première feuille
d'un *Journal des États-Généraux* ; un arrêt du conseil du roi
(6 mai) le supprime, et défend de publier à l'avenir des
écrits périodiques sans permission. A cette occasion, Mirabeau
publia une lettre à ses commettants ; en voici quelques pas-
sages : « Nommé votre représentant aux États-Généraux, je
vous dois un compte particulier de tout ce qui est relatif aux
affaires publiques. Puisqu'il m'est physiquement impossible
de remplir ce devoir envers vous tous autrement que par la
voie de l'impression, souffrez que je publie cette correspon-
dance, et qu'elle devienne commune entre vous et la nation ;
car, bien que vous ayez des droits plus directs aux instruc-
tions que mes lettres pourront renfermer, chaque membre
des États-Généraux devant se considérer non comme le dé-
puté d'un ordre ou d'un district, mais comme le procureur
fondé de la nation entière, il manquerait au premier de ses
engagements, s'il ne l'instruisait de tout ce qui peut l'inté-
resser; personne, sans exception, ne pourrait s'y opposer
sans se rendre coupable du crime de lèse-majesté nationale
puisque, même de particulier à particulier, ce serait une injustice des plus atroces. »

Après avoir rendu compte à ses commettants des deux ar-
rêts du conseil, Mirabeau ajoute: « Il est donc vrai que, loin
d'affranchir la nation, on ne cherche qu'à river ses fers! que
c'est en face de la nation assemblée qu'on ose produire ces

décrets auliques, où l'on attente à ses droits les plus sacrés ;
et que, joignant l'insulte à la dérision, on a l'incroyable
impéritie de lui faire envisager cet acte de despotisme et d'ini-
quité ministériels comme un provisoire utile à ses intérêts! »

L'assemblée du tiers-état de Paris réclama unanimement
contre ces actes du conseil, au nom de *la liberté de la presse,
réclamée par la France entière.*

Nous connaissons la réponse de Mirabeau à M. de Brézé.

Nous approchons du 14 juillet : chaque jour la disette aug-
mente. Dans la séance de l'assemblée nationale du 8 juillet, Mirabeau fait une motion sur le renvoi des troupes; il
peint les préparatifs de guerre autour de Versailles, et il s'é-
crie : « Ainsi ce n'était pas assez que le sanctuaire de la liberté eût été souillé par des troupes ! ce n'était pas assez
qu'on eût donné le spectacle inouï d'une assemblée nationale
astreinte à des consignes militaires et soumise à une force
armée ! ce n'était pas assez qu'on joignît à cet attentat toutes
les inconvenances, tous les manques d'égards, et, pour tran-
cher le mot, la grossièreté de la police orientale ; il a fallu
déployer tout l'appareil du despotisme, et montrer plus de
soldats menaçants à la nation, le jour où le roi lui-même l'a
convoquée pour lui demander des conseils et des secours,
qu'une invasion de l'ennemi n'en rencontrerait peut-être, et
mille fois plus du moins qu'on n'en a pu réunir pour secourir
des amis martyrs de leur fidélité envers nous, pour remplir
nos engagements les plus sacrés, pour conserver notre considération politique et cette alliance des Hollandais, si pré-
cieuse, mais si chèrement conquise, et surtout si honteuse-
ment perdue ! »

Mirabeau parle ensuite de la fermentation excitée par cet
appareil militaire. Ce passage de son discours s'applique parfaitement aux circonstances qui ont amené la révolution de
1848 : « Enfin ont-il prévu, les conseillers de ces mesures,
ont-il prévu les suites qu'elles entraînent pour la sécurité
même du trône? ont-ils étudié dans l'histoire de tous les
peuples comment les révolutions ont commencé, comment
elles se sont opérées? ont-ils observé par quel enchaînement
funeste de circonstances les esprits les plus sages sont jetés
hors de toutes les limites de la modération, et par quelle impulsion terrible un peuple enivré se précipite vers des excès
dont la première idée l'eût fait frémir ? »

Le lendemain, Mirabeau lit un projet d'adresse au roi ; l'assemblée, vivement émue, se lève tout entière en signe

d'adhésion : « Le danger, Sire, est pressant, universel, est au delà de tous les calculs de la prudence humaine.

» Le danger est pour le peuple des provinces. Une fois alarmé sur notre liberté, nous ne connaissons plus de frein qui puisse le retenir. La distance seule grossit tout, exagère tout, double les inquiétudes, les aigrit, les envenime.

» Le danger est pour la capitale. De quel œil le peuple, au sein de la disette et tourmenté des angoisses les plus cruelles, se verra-t-il disputer les restes de sa subsistance par une foule de soldats menaçants ? La présence des troupes échauffera, ameutera, produira une fermentation universelle, et le premier acte de violence, exercé sous prétexte de police, peut commencer une suite horrible de malheurs.

» Le danger est pour les troupes. Des soldats français, approchés du centre des discussions, participant aux passions comme aux intérêts du peuple, peuvent oublier qu'un engagement les a faits soldats, pour se souvenir que la nature les fit hommes.

» Le danger, Sire, menace les travaux qui sont notre premier devoir, et qui n'auront un plein succès, une véritable permanence, qu'autant que les peuples les regarderont comme entièrement libres. Il est d'ailleurs une contagion dans les mouvements passionnés ; nous ne sommes que des hommes : la défiance de nous-mêmes, la crainte de paraître faibles, peuvent nous entraîner au delà du but ; nous serons obsédés de conseils violents, démesurés ; et la raison calme, la tranquille sagesse, ne rendent pas leurs oracles au milieu du tumulte, des désordres et des scènes factieuses.

» Le danger, Sire, est plus terrible encore, et jugez de son étendue par les alarmes qui nous amènent devant vous. De grandes révolutions ont eu des causes bien moins éclatantes ; plus d'une entreprise, fatale aux nations et aux rois, s'est annoncée d'une manière moins sinistre et moins formidable. »

Prophétiques paroles, qui ne furent pas entendues !

Necker est renvoyé ; la Bastille est prise ; la tête de Launay a été portée au haut d'une pique (14 juillet 1789). Le 15, l'assemblée députe vers le roi vingt-quatre de ses membres ; elle demande de nouveau le renvoi des troupes, la libre communication pour le transport des subsistances et l'organisation des gardes bourgeoises. « Eh bien ! s'écrie Mirabeau, dites au roi que les hordes étrangères dont nous sommes investis ont reçu hier la visite des princes, des princesses, des favoris, des favorites, et leurs caresses, et leurs exhortations, et leurs présents ; dites-lui que toute la nuit, ces satellites étrangers, gorgés d'or et de vin, ont prédit dans leurs chants impies l'asservissement de la France, et que leurs vœux brutaux invoquaient la destruction de l'assemblée nationale ; dites-lui que, dans son palais même, les courtisans ont mêlé leurs danses au son de cette musique barbare, et que telle fut l'avant-scène de la Saint-Barthélemy. »

Dans la séance du 16, une motion est faite pour le rappel de Necker et combattue par Mounier. Mirabeau répond : « Eh ! depuis quand les bénédictions et les malédictions du peuple ne sont-elles plus le jugement des bons et des mauvais ministres ? Pourquoi une nation qui est représentée s'épuiserait-elle en vains murmures, en stériles imprécations, plutôt que de faire entendre le vœu de tous par ses organes assermentés ? Le peuple n'a-t-il pas placé le trône entre le ciel et lui, afin de réaliser, autant que le peuvent les hommes, la justice éternelle et anticiper sur ses décrets au moins pour le bonheur de ce monde ?

» Mais vous voulez donc confondre les pouvoirs ?

» Nous aurons bientôt l'occasion d'examiner cette théorie... Les valeureux champions des *trois pouvoirs* tâcheront alors de nous faire comprendre ce qu'ils entendent par cette grande locution des *trois pouvoirs*..... Il me suffit aujourd'hui de leur dire : Vous oubliez que ce peuple, auquel vous opposez les limites des trois pouvoirs, est la source de tous les pouvoirs, et que lui seul peut les déléguer. Vous oubliez que c'est au souverain que vous disputez le contrôle des administrateurs. Vous oubliez enfin que nous, les représentants du souverain, nous, devant qui sont suspendus tous les pouvoirs, et même ceux du chef de la nation, s'il ne marche pas d'accord avec nous, vous oubliez que nous ne prétendons point placer ou déplacer les ministres, en vertu de nos décrets, mais seulement à manifester l'opinion de nos commettants sur tel ou tel ministre. »

» ... Mais voyez la Grande-Bretagne ! Que d'agitation populaire n'y occasione pas ce droit que vous réclamez ! c'est lui qui a perdu l'Angleterre !... L'Angleterre est perdue ! Ah ! grand Dieu ! quelle sinistre nouvelle ! Eh ! par quelle latitude s'est-elle donc perdue ? ou quel tremblement de terre, quelle convulsion de la nature a englouti cette île fameuse, cet inépuisable foyer de grands exemples, cette terre classique des amis de la liberté ?...

» ... Livrons-nous donc sans crainte à l'impulsion de l'opinion publique; loin de redouter, invoquons sans cesse le contrôle universel : c'est la sentinelle incorruptible de la patrie, c'est le premier instrument auxiliaire de toute bonne constitution, c'est l'unique surveillant, le seul et puissant compensateur de toute constitution vicieuse, c'est le garant sacré de la paix sociale, avec laquelle nul individu, nul intérêt, nulle considération ne peut entrer en balance. »

L'assemblée décrète la motion. On vient annoncer que le roi a rappelé M. Necker.

La nuit du 4 août, cette *Saint-Barthélemy des priviléges*, a présenté un spectacle unique peut-être dans l'histoire et achevé la ruine de la vieille monarchie. Il s'agit de rédiger le procès verbal de cette séance ; le 10, on discute la question des dîmes. Mirabeau définit la dîme : « une contribution destinée à cette partie du service public qui concerne les ministres des autels ; le subside avec lequel la nation salarie les officiers de morale et d'instruction. » Ces mots soulèvent de violents murmures parmi les membres du clergé. Mirabeau reprend : « J'entends, à ce mot *salariés*, beaucoup de murmures, et l'on dirait qu'il blesse la dignité du sacerdoce ; mais, Messieurs, il serait temps, dans cette révolution qui fait éclore tant de sentiments justes et généreux, que l'on abjurât les préjugés d'ignorance orgueilleuse qui font dédaigner les mots *salaires* et *salariés*. Je ne connais que trois manières d'exister dans la société : il faut y être *mendiant, voleur* ou *salarié*. Le propriétaire n'est lui-même que le premier des salariés. Ce que nous appelons vulgairement sa propriété, n'est autre chose que le prix que lui paye la société pour les distributions qu'il est chargé de faire aux autres individus pour ses consommations et ses dépenses : les propriétaires sont les agents, les économes du corps social. »

Les journées d'octobre se préparent ; Pétion a dénoncé les fêtes militaires des gardes-du-corps. M. de Monspey demande que cette déposition soit rédigée par écrit, signée et déposée sur le bureau. Mirabeau va droit au but et désigne hardiment la reine : « Je commence par déclarer que je regarde comme souverainement impolitique la dénonciation qui vient d'être provoquée ; cependant, si l'on persiste à la demander, je suis prêt, moi, à fournir tous les détails et à les signer ; mais auparavant je demande que cette assemblée déclare que la personne du roi est seule inviolable, et que tous les autres individus de l'État, quels qu'ils soient, sont également sujets et responsables devant la loi. » M. de Monspey se hâte de retirer sa motion.

Il ne nous appartient pas de juger le rôle joué par Mirabeau dans les journées des 5 et 6 octobre. Ses liaisons avec le duc d'Orléans à cette époque ne sont pas douteuses. Le 30 septembre 1790, Chabroud fit son rapport, sur la demande du procureur du Châtelet, à l'effet de poursuivre Mirabeau et le duc d'Orléans. Mirabeau était lié avec la cour depuis le mois de juin 1790; cette procédure du Châtelet amena une rupture momentanée. Il suffit de signaler de semblables faits, pour faire comprendre la différence qui nous sépare de 89; aujourd'hui un homme, quel que fût son génie, ne pourrait pas s'interposer ainsi entre l'opinion publique et les partis; l'opinion publique a donc acquis une force immense, et les partis se sont affaiblis d'autant. L'intérêt national se dégage tous les jours des rivalités et des prétentions diverses. Mirabeau, dans sa réponse à l'accusation du Châtelet, parla de son *profond mépris pour les libelles* et de son *insouciance, trop grande peut-être, pour des bruits calomnieux.* Aujourd'hui ce profond mépris retomberait, au nom de l'opinion publique, sur l'homme qui prostituerait ainsi son génie et son patriotisme.

Dans la question de l'organisation du pouvoir, du *veto* et des deux chambres, Mirabeau se prononça pour le *veto* absolu, modifié seulement par le droit accordé à la chambre de refuser l'impôt. Il dit, en établissant la distinction du pouvoir législatif et du pouvoir exécutif: « Plus la nation est considérable, plus il importe que cette dernière puissance soit active; de là la nécessité d'un chef unique et suprême *d'un gouvernement monarchique* dans les grands États, où les convulsions, les démembrements seraient infiniment à craindre, s'il n'existait une force suffisante pour en réunir toutes les parties et tourner vers un centre commun leur activité. » Mirabeau se résuma ainsi : « Annualité de l'assemblée nationale, annualité de l'armée, annualité de l'impôt, responsabilité des ministres et la sanction royale sans restriction écrite, mais parfaitement limitée de fait, sera le *palladium* de la liberté nationale et le plus précieux exercice de la liberté du peuple. » Mirabeau demandait cette sanction royale pour empêcher l'assemblée nationale *d'établir légalement la domination de douze cents aristocrates.* « La nature des choses, disait-il avec raison, ne tournant pas nécessairement le choix de ces représentants vers les plus dignes, mais vers ceux que leur situation, leur fortune et des circonstances particulières désignent comme pouvant faire le plus volontiers le sacrifice de leur temps à la chose publique, il résultera toujours du choix de ces représentants du peuple une espèce d'aristocratie de fait, qui, tendant sans cesse à acquérir une consistance légale, deviendra également hostile pour le monarque à qui elle voudra s'égaler, et pour le peuple, qu'elle cherchera toujours à tenir dans l'abaissement.

» De là cette alliance naturelle et nécessaire entre le prince et le peuple contre toute espèce d'aristocratie ; alliance fondée sur ce qu'ayant les même intérêts, les mêmes craintes, ils doivent avoir un même but, et par conséquent une même volonté. »

Dans la séance du 28 octobre 1789, Mirabeau fit adopter le décret qui chargeait les assemblées primaires de former un tableau des citoyens et d'y inscrire, à un jour marqué, par ordre d'âge, tous les citoyens qui auraient atteint l'âge de vingt-un ans, après leur avoir fait prêter le serment de fidélité aux lois de l'État et au roi. Son discours contient une allusion remarquable aux erreurs de sa jeunesse : « Les effets de ces institutions, dit-il, ne sont bien sentis que par ceux qui ont étudié les véritables crises du cœur humain ; ils savent qu'il est plus important de donner aux hommes des mœurs et des habitudes que des lois et des tribunaux. La langue des signes est la vraie langue des législateurs. Tracer une constitution, c'est peu de chose ; le grand art est d'approprier les hommes à la loi qu'ils doivent chérir.

» Si vous consacrez le projet que je vous propose, vous pourrez vous en servir dans le Code pénal, en déterminant qu'une des peines les plus graves pour les fautes de la jeunesse, sera la suspension de son droit à l'inscription civique et l'humiliation d'un retard pour deux, pour trois ou même cinq années. Une peine de cette nature est heureusement assortie aux erreurs de cet âge, plutôt frivole que corrompu, qu'il ne faut ni flétrir, comme on l'a fait trop longtemps, par des punitions arbitraires, ni laisser sans frein, comme il arrive quand les lois sont trop rigoureuses. »

Dans la séance du 19 avril 1790, le côté droit met en question les pouvoirs de l'assemblée nationale, Mirabeau se lève : « ... Les députés du peuple sont devenus *convention nationale* le jour où, trouvant le lieu de l'assemblée des représentants du peuple hérissé de baïonnettes, ils se sont rassemblés ; ils ont juré de périr plutôt que d'abandonner les intérêts du peuple...

» Vous vous rappelez le trait de ce grand homme qui, pour sauver sa patrie d'une conspiration, avait été obligé de se décider contre les lois de son pays avec cette rapidité que l'invincible tocsin de la nécessité justifie. On lui demandait s'il n'avait pas contrevenu à son serment, et le tribun captieux qui l'interrogeait croyait le mettre dans l'alternative dangereuse ou d'un parjure ou d'un aveu embarrassant ; il répondit : « Je jure que j'ai sauvé la république. » Messieurs, je jure que vous avez sauvé la république. » (Le geste de l'orateur est dirigé vers la partie gauche de l'assemblée.)

L'assemblée discute la question de savoir s'il appartient au roi de faire la guerre ; Mirabeau défend la prérogative du monarque ; l'assemblée lui refuse ce droit. Le puissant orateur voit fléchir sa popularité sous les efforts de Barnave : « Et moi aussi, on voulait, il y a peu de jours, me porter en triomphe, et maintenant l'on crie dans les rues : *La grande trahison du comte de Mirabeau...* Je n'avais pas besoin de cette leçon pour savoir qu'il est peu de distance du Capitole à la Roche Tarpéïenne ; mais l'homme qui combat pour la raison, pour la patrie, ne se tient pas si aisément pour vaincu. »

Mirabeau veut en vain arrêter le fleuve de la révolution qui déborde tous les jours ; il s'épuise dans cette lutte inégale. Dans la séance orageuse du 28 février 1791, tous ses efforts parvinrent seulement à faire ajourner la rédaction de la loi contre l'émigration, et non à faire reconnaître l'injustice du principe. En vain s'écria-t-il : « La popularité que j'ai ambitionnée, et dont j'ai eu l'honneur de jouir comme un autre, n'est point un faible roseau ; c'est dans la terre que je veux enfoncer ses racines sur l'imperturbable base de la raison et de la liberté. Si vous faites une loi contre les émigrants, je jure de n'y obéir jamais... Je combattrai les factieux ; je les combattrai, de quelque parti et de quelque côté qu'ils puissent être. »

Il est mort! répète t-on dans l'assemblée, le 2 avril 1791, au milieu d'un sourd murmure. *Il est mort !* Le Panthéon s'ouvre pour lui. Il va reposer à côté de Descartes. *De quelle immense proie la mort vient de se saisir* (1) ! Le canon gronde : *Seraient-ce déjà les funérailles d'Achille.* Voilà l'oraison funèbre de Mirabeau prononcée par lui-même ; et ces mots encore : *Il m'a été doux de vivre pour le peuple ; il me sera glorieux de mourir au milieu de lui. — J'emporte avec moi le deuil de la monarchie ; les factieux s'en partageront les lambeaux.*

Dans une crise violente, il priait son valet de chambre de lui soutenir la tête : *Soulève-la, dit-il, tu n'en porteras pas une pareille !* Voilà sur Mirabeau le jugement de la postérité prononcé par Mirabeau lui-même !

(1) C. Desmoulins.